MÉMOIRE

CONCERNANT UNE

DÉCOUVERTE PHYSIOLOGIQUE

ADRESSÉ

A SON EXCELLENCE MONSIEUR LE MINISTRE DE L'INTÉRIEUR

CONFORMÉMENT AUX PRESCRIPTIONS DU DÉCRET DU 18 AOUT 1810

RELATIF AUX REMÈDES SECRETS,

Précédé d'un

RECOURS A L'AUTORITÉ SOUVERAINE

DE SA MAJESTÉ L'EMPEREUR.

—o—

Prix : 3 francs.

—o—

PARIS

IMPRIMERIE ET LIBRAIRIE ADMINISTRATIVES DE PAUL DUPONT,
RUE DE GRENELLE-SAINT-HONORÉ, 45.

—

1865

A SA MAJESTÉ L'EMPEREUR.

SIRE,

Les considérations les plus simples démontrent que plus une découverte a d'importance et d'utilité réelle, plus elle doit éprouver de difficultés à se produire dans le monde, les bienfaits qu'elle renferme pour l'humanité n'ayant de valeur que dans la mesure des déplacements et des transformations qu'il est dans son essence de réaliser. Elle doit donc se heurter d'autant plus vivement aux intérêts fondés sur l'ordre existant qu'elle est destinée à en renverser une partie égale à la puissance qu'elle renferme en elle-même.

Ces transformations douloureuses, Sire, sont les étapes des sociétés humaines qui, dans leurs développements irrésistibles, nous montrent les novateurs de tous les temps succombant dans ces luttes inégales, quand leur génie, écrasé par le nombre, a déposé au sein des générations les germes d'une vie nouvelle, tandis que la leur s'éteint dans le dénûment et la confusion.

Mais quand cette situation, déjà si difficile de sa nature, se trouve encore tout particulièrement aggravée par des obstacles insurmontables, résultant d'une législation **FAUSSÉE DANS SES PRINCIPES**, c'est alors, Sire, que l'autorité tutélaire d'un pouvoir suprême apparaît comme la sauvegarde providentielle du progrès qui doit s'accomplir.

C'est donc uniquement pour sauver d'un naufrage certain la découverte physiologique que des expériences nombreuses ont placée si haut dans l'opinion de ceux qui en ont été témoins, que j'ose recourir à la puissance souveraine de Votre Majesté Impériale, en prenant la liberté de soumettre à sa haute appréciation le texte du Mémoire que j'ai eu l'honneur d'adresser à M. le Ministre de l'Intérieur, conformément aux dispositions du décret impérial du 18 août 1810, dans l'espoir de faire apprécier cette découverte par les résultats que devaient fournir les expériences.

Mais loin d'accueillir une communication si simple, avec tout l'empressement qu'aurait dû inspirer l'amour de l'humanité, M. le Ministre de l'Agriculture, du Commerce et des Travaux publics, me fit savoir que mon Mémoire lui avait été renvoyé comme rentrant dans ses attributions, et que, par l'ordonnance royale qui l'avait instituée, l'Académie Impériale de Médecine avait été substituée aux *Commissions d'examen et de révision* mentionnées au décret impérial du 18 août 1810, ajoutant qu'il ne pourrait être donné suite à ma demande qu'autant que je produirais un second Mémoire qui serait transmis à cette Compagnie savante, devenue le seul conseil du gouvernement en semblable matière, et que, sur son avis, il serait statué selon qu'il y aurait lieu.

Cette courte réponse met en évidence :

1° Que le Gouvernement de Juillet, qui, je crois, a rendu en 1836 l'ordonnance royale citée par M. le Ministre, aurait abdiqué quelques-unes de ses plus précieuses prérogatives : d'abord, celle de nommer, en connaissance de cause et selon la nature des cas, les *Commissions d'examen et de révision*; ensuite, celle d'apprécier les rapports que ces Commissions étaient tenues de lui fournir ; enfin, celle de rester seul juge souverain des mesures à prendre selon la nature et l'importance des découvertes qui pourraient se produire ;

2° Que l'Académie Impériale de Médecine, investie d'un pouvoir discrétionnaire qui la dispense de se conformer à aucune des prescriptions si sages, si prévoyantes, si impartiales, si progressives du décret impérial du 18 août 1810, traite toutes les communications qui lui sont faites malgré les répugnances exprimées *à priori* par toutes les Facultés et par tous les auteurs, non-seulement d'après ce *parti pris* qui caractérise invariablement tous les corps savants du monde, et qui les a tous caractérisés à toutes les époques, mais avec un sentiment d'exclusion, de répulsion et d'hostilité qu'elle ne comprime qu'avec effort, et qui ne permet et ne permettra jamais à aucune proposition, quelle qu'elle soit, d'être prise en considération ;

3° Que les inventeurs, loin de se trouver en face de l'Académie de Médecine, qui, dit-on, représente à leur égard les Commissions d'examen et de révision mentionnées au décret du 18 août 1810, dans les conditions qui leur étaient faites par ce décret, devant des Commissions nommées *ad hoc* par le Ministre, n'ont positivement plus aucun droit, aucun recours, aucun moyen de se faire écouter, et que tout ce qui pouvait, d'après les dispositions si libérales du décret du 18 août 1810, aider la lumière à se faire, la découverte à se produire, à être jugée et appréciée, est anéanti par une ordonnance qui, en laissant le décret impérial régir la matière, l'a sapé par sa base. Ainsi, plus d'explication, plus d'éclaircissement, plus de réplique possible ; plus d'objection à élever, plus rien du contrôle salutaire que devait exercer la Commission destinée à reviser le travail de la première, à écouter les parties, car l'Académie, devenue omnipotente en pareille matière, *prononce*, sans jamais écouter personne, *des arrêts sans appel*.

C'est là, aussi, ce qui ressort incontestablement, Sire, de tout ce qui s'est passé au sein de cette réunion savante dans la période de *vingt-neuf ans*, durant laquelle elle a repoussé sur tous les tons, la SÉRIE ENTIÈRE atteignant bientôt le numéro *cinq mille*, des propositions qui lui ont été soumises par M. le Ministre, en déclarant, *à l'égard de toutes, sans aucune exception*, et par une formule invariable : « *Qu'il n'y a pas lieu de leur faire l'application* « *des dispositions favorables du décret du* 18 *août* 1810. »

Un tel état de choses, Sire, est trop anormal, trop irrégulier, trop hostile à tout progrès, à toute découverte utile, pour résister à un examen sérieux et approfondi; car ni Jenner avec sa vaccine, ni Talbot avec sa préparation de quinquina achetée par Louis XIV, et dont la découverte de ses propriétés remonte à un Indien, ni tant d'autres remèdes précieux révélés tantôt par le hasard, tantôt par la simplicité naïve racontant un fait bien observé, n'eussent point trouvé grâce devant une semblable organisation. Mais, quoi qu'il en soit, cet état suffit, du reste, pour éloigner de l'esprit de tout inventeur sérieux, l'idée de présenter un Mémoire sur un sujet quelconque à un corps académique qui ne s'est jamais démenti un seul instant dans sa manière de les accueillir.

Sans doute, la puissance de la Méthode fondée sur la découverte que j'ai eu l'honneur d'exposer à S. Exc. M. le Ministre de l'Intérieur, n'est point une de ces recettes banales qui, parfois, ont pu justifier l'impatience d'un Aréopage composé de savants de la plus haute distinction; mais, exclusivement limitée à des *frictions sèches*, parfaitement *inoffensives* et *insignifiantes* en apparence, elles ne pourrait manifestement échapper au sort commun qu'à la condition *d'en démontrer l'efficacité par des expériences*, tout leur mérite consistant à être exécutées *d'après les principes de la loi des formations organiques*, inconnus de la science médicale dont elle devrait être la base. La connaissance de cette loi, que je proposais à Son Excellence d'expliquer devant MM. les Commissaires, et l'art de l'utiliser dans les applications, constituent, seuls, cette PUISSANCE NOUVELLE, IMMENSE, INCALCULABLE, consistant pour l'homme à MODIFIER TOUTES LES FORMES DU CORPS, en lui permettant DE LES RAMENER INVARIABLEMENT A LEUR PERFECTION ABSOLUE.

Or, ce sont ces expériences, Sire, que les décisions de l'Académie Impériale de Médecine, toujours parfaitement connues à l'avance, rendront impossibles surtout dans des conditions impartiales.

Il semble, néanmoins, que ce serait un crime de laisser cette puissance s'évanouir dans l'abîme des susceptibilités académiques devant lesquelles elle ne saurait trouver ni grâce ni pitié.

Tels sont, Sire, les motifs qui ont déterminé le plus humble de vos sujets à en appeler au jugement souverain de Votre Majesté Impériale, qui, seule, dans sa haute sagesse saura prendre une décision conforme au bien public et à la justice.

Qu'il me soit permis d'ajouter, Sire, que ce serait avec un empressement inexprimable que je déposerais aux pieds de Votre Majesté Impériale, tous mémoires, documents, détails, renseignements qui pourraient être jugés utiles, et que toutes les expériences qui seraient ordonnées justifieraient pleinement la toute-puissance de la Méthode.

Je suis, avec un profond respect,

Sire,

de Votre Majesté Impériale,

le très-humble et très-obéissant sujet.

J. DU CARDONNOY.

TEXTE DU MÉMOIRE

ADRESSÉ

A SON EXCELLENCE MONSIEUR LE MINISTRE DE L'INTÉRIEUR.

Excellence,

Lorsque les découvertes sont faites par des hommes spéciaux qui, par état, en font une application immédiate, dans le cours de leurs travaux, tout s'accomplit sans la moindre difficulté, et l'autorité supérieure n'intervient que pour récompenser un mérite incontesté.

On voit rarement, toutefois, la nature circonscrire ainsi l'éclosion des idées nouvelles dans les limites précisées à l'avance, et, le plus souvent, les germes les plus puissants, par des raisons faciles à apprécier, sont fécondés en dehors des cercles tracés par les institutions publiques ou légales.

Il semble que, pour innover, il faille une certaine indépendance d'esprit, que ne laissent ni la routine ni les idées reçues qui, d'ordinaire, creusent dans l'enseignement régulier une ornière dont il est très-rare de voir se dégager les esprits qui ont été formés d'après des principes généraux et communs, admis parfois trop légèrement.

C'est pour cette raison, sans doute, qu'un si grand nombre de découvertes utiles a été réalisé en dehors de l'enseignement médical.

Toutes les interdictions et tous les priviléges, qui isolent si profondément cet enseignement au milieu des populations qu'il intéresse à un si haut degré, n'ont pu, comme on le voit, restreindre l'activité générale de l'esprit humain au point de circonscrire les découvertes les plus utiles à l'humanité dans le domaine légal, si exclusif des Facultés de médecine.

Aussi l'incomparable Génie qui dota la France des glorieuses institutions qui en ont fait le premier empire du monde, avait-il si bien pénétré tous ces rapports, qu'après avoir restreint l'exercice de la médecine dans les limites légales qui le régissent encore aujourd'hui, il a, par décret du 18 août 1810, ouvert au grand large la voie à toutes les découvertes salutaires, de quelque part qu'elles dussent venir.

*

C'est conformément aux dispositions de ce décret, Monsieur le Ministre, que j'ose très-respectueusement appeler l'attention de Votre Excellence sur une découverte physiologique d'une *importance* et d'une *utilité hors ligne pour l'humanité*.

Ayant remarqué, il y a plus de vingt-cinq ans, que des frictions sèches, répétées systématiquement à la surface des corps, dans de certaines conditions, suffisaient pour déterminer un entraînement des parties soumises à cette action, et même des parties voisines dans un sens ou dans un autre, entraînement qui, parfois, produisait des inconvénients remarquables ou des rectifications utiles, je résolus de faire de ces frictions le sujet d'une étude toute particulière.

Une longue série d'observations, comparées entre elles et à tout ce que les sciences ont mis en lumière concernant la physiologie de l'homme, une suite de faits constatés avec soin, et des expériences sans nombre permirent, *au moyen de ces frictions systématiques avec entraînement, de reconnaître qu'il existait une corrélation, des rapports constants, réguliers, invariables* entre toutes les parties des corps organisés, notamment du corps humain, qui étaient autre chose que ce que la science médicale appelle *sympathie*, autre chose encore que ce qu'elle a appelé *solidarité* des muscles entre eux.

Toutes les existences organiques, en présence des résultats obtenus, étaient manifestement subordonnées, dans leurs formations, à une loi fondamentale orgnanisatrice qui se révélait de plus en plus clairement.

L'ensemble des expérimentations qui produisaient ces résultats était complétement étranger à tous les programmes des Facultés de médecine.

Toutes les prescriptions des maîtres, que j'avais pu, et que toujours je pouvais apprécier à leur juste valeur, dans leurs œuvres, en les comparant les unes aux autres, n'avaient absolument rien de commun avec les opérations si simples, mais d'une portée si considérable, qui, constamment, mettaient en lumière un ordre d'idées qui n'avaient fait partie d'aucun enseignement.

En effet, le travail de vingt-cinq siècles, que présente l'ensemble des auteurs qui constituent ce que l'on est convenu d'appeler la science médicale, se résume physiologiquement par une série d'analyses des parties constitutives du corps humain. Le point de vue reste invariablement le même pour tous, à toutes les époques : l'examen des corps inanimés en comprend tous les horizons.

Les mêmes études doivent nécessairement produire des résultats à peu près identiques.

Il y a longtemps donc que l'on a mis en lumière tout ce que ces explorations de la mort, sans cesse répétées de la même manière, ont pu fournir d'essentiel.

Ce travail, d'une valeur immense, incontestable comme recueil successif de faits qui sont la lumière à l'aide de laquelle l'homme, de nos jours, arrive à posséder les notions les plus saines sur l'organisme humain, qui aient jamais été le partage de l'humanité, est loin, toutefois, d'être complet. Ce qui reste inexpliqué, tels que le phénomène de la nutrition, les rapports des organes entre eux, etc., etc., est peut-être l'essentiel.

On est d'autant plus fondé à penser qu'il en est ainsi que, dès qu'il s'agit d'une appréciation générale, supérieure, de tous les faits recueillis, et surtout d'en tirer des conséquences pratiques et positivement utiles, on ne trouve plus, dans tous les auteurs, que contradiction et obscurité. L'absence d'une base certaine, d'une « *norme,* » si je puis m'exprimer ainsi, devient manifeste et flagrante.

Il résulte de cet état de choses que des schismes se produisent et se pressent sur les pas des auteurs les plus accrédités, et que, rarement, une doctrine survit à l'éloquence du professeur qui a eu temporairement l'autorité qui suffit pour la faire accepter ou subir par ses contemporains.

Les générations, comme les individus, ne semblent se succéder sur ce terrain que pour mettre en lumière les erreurs des générations et des savants qui les ont précédées.

Il en était bien autrement des faits si nouveaux, si précis, si certains, si pratiques, qui, sous mes yeux, se produisaient à volonté, et qui dominaient si péremptoirement tous les systèmes si controversés des auteurs.

Ces faits prouvaient, entre autres choses et avant tout, qu'il existe une autre manière d'étudier la structure humaine et les phénomènes de la vie que celle qui, depuis tant de siècles, est la base exclusive de toutes les études physiologiques, concentrées dans l'examen et la connaissance du cadavre disséqué et analysé, et qui, seule, sert à établir une distinction aussi vague qu'incomplète entre l'état sain et normal des corps et leur état pathologique.

La nouvelle manière de procéder était loin, toutefois, d'exclure les études anatomiques ; elle fournissait, au contraire le complément rectificatif qui leur est indispensable, car si la dissection jette une lumière vive et certaine sur la constitution des organes sains, il n'en est pas de même des affections pathologiques, dont elle ne révèle que fort rarement l'origine avec exactitude. Il est notoire qu'à tous égards ces études laissent dans la science des côtés très-importants dans l'ombre, et ce sont ces côtés obscurs que la méthode nouvelle venait éclairer à son tour.

La loi des formations organiques, que révélait cette méthode nouvelle, semblait devoir combler ainsi une lacune immense, et, en portant la lumière dans une foule de questions, dont elle donnait la solution, elle paraissait devoir être le point de départ d'une ère nouvelle dans l'enseignement physiologique.

Personne, au reste, ne voulait accorder à mes vues, à mes espérances, l'ombre de ce que je me sentais assuré d'atteindre et qui était trop évident pour que je pusse me résoudre à l'abandonner.

Force me fut donc de marcher seul.

Je me trouvais, d'ailleurs, en possession d'éléments suffisants pour me proposer la solution d'un problème grandiose, qu'aucune école n'avait encore songé à se poser.

Ce problème consistait : *à définir et à mettre en lumière, en la développant sur des sujets vivants, la rectitude humaine dans sa perfection absolue, à préciser la cause des altérations si diverses, si multiples, qui affectent cette rectitude et la détruisent; à prouver enfin que la perfection absolue des formes est le partage invariable de tous les sujets humains*, comme il est, dans la nature entière, celui de tous les êtres organisés, alors même, *qu'en fait*, cette perfection semble à peine exister pour l'homme, tant elle est rare, de notre temps, dans les sociétés humaines, si souffreteuses, si languissantes et si mal conformées.

J'étais arrivé à poser cet axiome : *que tout dérangement dans la régularité absolue des formes apparentes avait pour corollaire inévitable un désordre général proportionné dans l'organisme sur lequel il pouvait être constaté; qu'une altération dans l'harmonie extérieure correspondait nécessairement à une altération des tissus, et que les tissus organiques étant composés avant tout* DE FILAMENTS A TENSION CONTINUE, il ne pouvait se produire aucune altération spontanée dans l'une de leurs parties, sans compromettre aussitôt le degré de tension s'étendant à toutes les parties de l'être.

Cet axiome avait pour conséquence celui-ci, que, *rétablir la pureté, la rectitude absolue des formes était le moyen le plus simple et le plus certain de rétablir l'équilibre dans toutes les fonctions*, équilibre duquel dépend notoirement l'état normal de l'être ou la santé, *et qui est nécessairement froissé ou rompu selon l'importance de l'altération introduite dans la rectitude absolue des formes.*

Ce problème, ces axiomes et divers autres, émanant des mêmes principes, n'étaient aucunement de nature à heurter les convictions d'aucun physiologiste, car les applications auxquelles ils pouvaient donner lieu ne pouvaient manifestement produire que du bien. Partout, néanmoins, ils rencontrèrent auprès d'eux les mêmes difficultés; partout, ils furent repoussés sous les mêmes prétextes, par les mêmes fins de non-recevoir.

Les faits seuls, me disaient les plus indulgents, pouvaient donner de la valeur à mes assertions, s'ils parvenaient à en démontrer l'exactitude.

La solution du grand problème s'imposait ainsi de plus en plus impérieusement.

Il fallait triompher de la difficulté ou se taire à jamais.

La tâche était rude et fut laborieuse. C'était une œuvre de longue haleine.

Abandonné, sur ce terrain, à mes propres forces, puisque les auteurs n'avaient abordé ces difficultés ni par la physiologie, ni par l'anatomie, ni par l'histoire naturelle, tant elles se trouvent rapprochées des causes premières si redoutées, surtout en France, il me fallut tout créer autour de moi pour avancer dans ces recherches sans précédent.

C'est ainsi, Monsieur le Ministre, que fut créée la Méthode qui, aujourd'hui, produit les PHÉNOMÈNES LES PLUS EXTRAORDINAIRES QUI AIENT JAMAIS ÉTÉ RÉALISÉS SUR DES SUJETS VIVANTS.

Pénétré de l'existence de la loi des formations organiques que me révélaient tous mes travaux, il me fallut créer une Méthode à laquelle cette loi dût *hypothétiquement* servir de base, pour pouvoir, par *des faits positifs*, démontrer l'existence même de cette loi, d'où il suit que la Méthode et la loi se rattachent naturellement l'une et l'autre par les liens les plus étroits.

Ce sont ces faits positifs, et *curatifs par excellence*, Monsieur le Ministre, pouvant être reproduits à volonté, *avec une facilité extrême* par l'emploi de cette Méthode, que j'ai nommée *Méthode expérimentale*, parce que les expérimentations ont, seules, servi à la fonder, qui la placent, COMME MOYEN CURATIF D'UNE PUISSANCE SANS ÉGALE DANS LE MONDE, dans la catégorie des remèdes auxquels s'appliquent les dispositions du décret du 18 août 1810, titre II, art. 7.

Il se pourrait, Monsieur le Ministre, qu'au premier abord, on songe à contester à une Méthode limitée à des frictions sèches, très-superficielles, à des manipulations très-légères, paraissant du domaine de tout le monde, le titre de remède secret auquel se rapportent les dispositions du décret ci-dessus rappelé; mais en voyant ces frictions si légères, ces manipulations si insignifiantes en apparence, produire les résultats LES PLUS INATTENDUS, LES PLUS SURPRENANTS, LES PLUS UTILES qui se puissent imaginer, *tels que de remettre sur pied des paralytiques et des impotents, en leur rendant l'usage complet des membres paralysés ou perclus*, on sera bien forcé de reconnaître qu'elles sont coordonnées entre elles d'une manière toute particulière, et qu'elles reposent manifestement sur quelque grand principe inconnu jusque-là.

Il faudra bien, en voyant ces frictions, *modifier si profondément tous les traits, toutes les dispositions de la face, toutes les formes du corps, et ramener invariablement les uns et les autres à toutes les perfections les plus saisissantes, en prouvant (puisqu'elles produisent indistinctement le même résultat sur tout le monde) que toutes ces perfections sont le propre de toutes les individualités humaines*, reconnaître que ces merveilleuses transformations, *en donnant la solution du problème que je m'étais proposé de résoudre, s'opèrent en vertu d'une loi fixe et certaine.*

Et quand ces frictions arriveront à démontrer aux savants les plus éminents *l'existence même de cette loi, qui est celle des formations organiques;* à leur indiquer *comment toute infraction à cette loi se produit et comment elle peut être constatée; pourquoi, enfin, ces infractions agissent comme cause première, invariable et certaine d'une foule de maladies et d'infirmités que l'emploi de cette méthode dissipe comme par enchantement*, il faudra bien se rendre à l'évidence et admettre l'existence de combinaisons inconnues, et reconnaître qu'elles sont d'une utilité et d'une efficacité aussi étendues qu'incontestables.

Les phénomènes obtenus, Monsieur le Ministre, et ceux que l'on peut constamment *obtenir à volonté avec une certitude mathématique par l'emploi* de cette Méthode, sont les agents qui la font entrer dans la catégorie des remèdes secrets, puisqu'ils prouvent qu'elle est un moyen curatif, d'une puissance devant laquelle l'électricité, le massage, la gymnastique, l'hydrothérapie, et tant d'autres agents thérapeutiques, employés par la Médecine et l'Orthopédie, n'ont positivement plus aucune espèce d'importance ni de signification.

Ignorant les dispositions si simples et si grandioses du décret du 18 août 1810, j'avais, sur l'avis et le conseil de M. le directeur du Cercle des Sociétés savantes, quai Malaquais, 3, sollicité de M. le Préfet de police l'autorisation d'ouvrir des conférences dans le local de ce Cercle, où l'on permet à toutes les sciences nouvelles ou utiles de se produire librement. Je me proposais, dans ces conférences, de mettre en lumière les côtés scientifique et pratique de ma découverte, et d'exposer l'importance et l'utilité de la Méthode, qui produit de si intéressants résultats. J'eusse introduit, à cet effet, devant l'auditoire, *des sujets redressés et guéris*, d'autres *en voie de redressement et de guérison*, d'autres, enfin, *non encore touchés*, afin que l'on pût, par les constatations les plus minutieuses, suivre toutes les phases des redressements et des guérisons, et préciser nettement l'effet utile obtenu par cette méthode.

Il me semblait qu'en fournissant ainsi publiquement aux hommes de l'art et au monde savant le moyen de vérifier l'exactitude de mes assertions, je rendais un véritable service à la société, et que la science aurait fini par en apprécier la valeur et l'importance.

Le refus d'autorisation de M. le Préfet de police, dont je ne puis pénétrer les motifs, a rendu ces projets irréalisables.

Ne pouvant admettre, toutefois, que le pays classique des découvertes et des progrès pût n'offrir aucune issue légale à une découverte utile, uniquement parce qu'elle toucherait à ce qui intéresse de plus près l'humanité entière, je fus assez heureux, en multipliant mes investigations, pour mettre la main sur le décret rendu par le grand Empereur, qui sut si bien prouver au monde que les progrès n'ont point d'auxiliaires plus actifs que l'ordre et les lois.

Ce décret, marqué au coin de cette sagesse de vues, qui se perpétue si glorieusement de nos jours, pourvoit à tout, car il a tout prévu, et, les conférences projetées cessant ainsi d'avoir leur raison d'être, il ne me reste qu'à solliciter respectueusement de Votre Excellence, de pouvoir réaliser devant les commissions, que ce décret charge Votre Excellence de nommer en pareil cas, ce que je n'aurais pu faire ni aussi complétement ni avec autant de fruit dans des réunions publiques.

Si, conformément à l'esprit d'universalité de ce décret, par lequel le glorieux fondateur des priviléges actuels des facultés de médecine expropriée à l'avance tous les inventeurs de remèdes au profit de l'humanité entière, jugeant la France assez généreuse et assez riche pour les indemniser équitablement d'après la valeur de leurs moyens, Votre Excellence daigne me permettre de faire connaître ma méthode devant Messieurs les commissaires qu'il lui plairait nommer à cet effet, je leur indiquerai, entre autres choses, *par des exemples*, Monsieur le Ministre, comment on peut, *avec une certitude mathématique, sans le moindre inconvénient pour les sujets*, obtenir insensiblement de l'organisme vicié des bossus et des contrefaits l'extension nécessaire pour réaliser des redressements spontanés beaucoup plus complets que ceux que produit, au péril de la vie des malheureux qui s'y soumettent, l'action violente, aveugle et brutale des horribles lits d'extension dits de Vénel, et que l'on devrait appeler lits *de torture*, comme tant d'autres engins, non moins pernicieux que détestables, employés par tous les orthopédistes.

Je leur prouverai, en outre, l'inutilité barbare, sauvage, injustifiable de la section des tendons pratiquée, dans le cas de rétraction musculaire, comme les torticolis, les pieds-bots ou contournés, etc., etc., *en ramenant, avec ma Méthode, toutes les configurations vicieuses à l'état normal et régulier que*, dans les meilleurs cas, les *vivisections* (1) ne rétablissent jamais, tandis que, d'ordinaire, elles ne font qu'ajouter une lésion de plus à la difformité.

Il en sera de même, Monsieur le Ministre, pour une multitude d'irrégularités graves ou légères, même pour une très-grande partie de celles réputées incurables.

Je démontrerai, devant Messieurs les commissaires ou leurs délégués, avec quelle facilité extrême on peut, par l'emploi de cette Méthode, rendre propres au service militaire, 50 0/0 au moins des sujets réformés chaque année pour des vices de conformation.

On pourra, d'après ces résultats, Monsieur le Ministre, juger combien l'armée entière pourrait gagner en splendeur physique, en puissance musculaire, et notamment sous le rapport de l'hygiène, si, par une application générale des principes de cette Méthode, chaque sujet était ramené à la perfection absolue des formes.

J'indiquerai, de plus, Monsieur le Ministre, par quelles raisons les frictions superficielles, exécutées d'après les principes de cette Méthode, réagissent immédiatement sur tous les organes internes, et produisent, *par la rectification absolue des formes et des attitudes*, les guérisons les plus inattendues.

J'expliquerai, enfin, *comment et pourquoi* ma Méthode rend la santé la plus florissante à tous les rachitiques, à tous les infirmes et à un si grand nombre de sujets, qui ne souffrent *que de l'impuissance* dans laquelle se trouvent, d'une part, l'*organisme ainsi affecté d'accomplir son développement naturel*, et, d'autre part, l'art médical de combattre cette difficulté pathologique par les moyens dont il dispose.

C'est alors, Monsieur le Ministre, à moins que Votre Excellence ne daigne en ordonner la remise plus tôt, que pourrait s'effectuer avec le plus de fruit la production des manuscrits, parce que les faits qui se produiront pendant les opérations qui auraient lieu sous les yeux de Messieurs les commissaires

---

(1) Ce mot rendait trop bien la pensée pour se renfermer dans son acception rigoureuse.

peuvent seuls corroborer les assertions si nouvelles que contient ma doctrine physiologique, assertions que l'on contestera naturellement aussi longtemps que des résultats très-authentiquement constatés n'auront pas confondu tous les contradicteurs.

Dans l'attente respectueuse des ordres de Votre Excellence, j'ai l'honneur, Monsieur le Ministre, d'être,

de Votre Excellence,

le très-humble et très-obéissant serviteur,

J. Du Cardonnoy.

Paris, 4 octobre 1864.

TEXTE DE LA LETTRE

DE SON EXCELLENCE

MONSIEUR LE MINISTRE DE L'AGRICULTURE, DU COMMERCE ET DES TRAVAUX PUBLICS.

Monsieur, M. le Ministre de l'Intérieur m'a fait transmettre, comme rentrant dans mes attributions, le Mémoire que vous lui avez adressé concernant une découverte physiologique.

L'Académie Impériale de Médecine ayant été substituée, par l'Ordonnance royale qui l'a instituée, aux Commissions d'examen et de révision mentionnées au décret du 18 août 1810, et cette Compagnie savante étant aujourd'hui le seul conseil du Gouvernement en semblable matière, il importe, pour qu'il soit donné suite à votre demande, que vous produisiez un Mémoire explicatif du mode de traitement que vous préconisez. Je transmettrai ce travail à l'Académie, et, sur son avis, il sera statué selon qu'il y aura lieu.

Le Ministre de l'Agriculture, du Commerce et des Travaux publics,

Armand BÉHIC.

M. Du Cardonnoy, *Avenue de Clichy, 69, à Paris.*

EXTRAIT DU DÉCRET DU 18 AOÛT 1810
CONCERNANT LES REMÈDES SECRETS.

TITRE PREMIER.
Des remèdes secrets dont la vente a déjà été autorisée.

Art. 1er. Les permissions accordées aux inventeurs ou propriétaires de remèdes ou compositions dont ils ont seuls la recette, pour vendre ou débiter ces remèdes, cesseront d'avoir effet à compter du 1er janvier prochain.

Art. 2. D'ici à cette époque, lesdits inventeurs ou propriétaires remettront, s'ils le jugent convenable, à notre Ministre de l'Intérieur, qui ne les communiquera qu'aux commissaires dont il sera parlé ci-après, la recette de leurs remèdes ou compositions, avec une notion des maladies auxquelles on peut les appliquer, et des expériences qui en ont déjà été faites.

Art. 3. Notre ministre nommera une commission composée de cinq personnes, dont trois seront prises parmi les professeurs de nos écoles de médecine, à l'effet : 1° d'examiner la composition du remède, et de reconnaître si son administration ne peut être dangereuse ou nuisible en certains cas ; 2° si ce remède est bon en soi, s'il a produit ou produit encore des effets utiles à l'humanité; 3° quel est le prix qu'il convient de payer pour son secret à l'auteur du remède reconnu utile, en proportionnant ce prix : 1° au mérite de la découverte ; 2° aux avantages que l'on en a obtenus ou qu'on peut en espérer pour le soulagement de l'humanité; 3° aux avantages personnels que l'inventeur en a retirés ou pourrait en attendre encore.

Art. 4. En cas de réclamation de la part des inventeurs, il sera nommé par M. le Ministre de l'Intérieur, une commission de révision à l'effet de faire l'examen du travail de la première, d'entendre les parties et de donner un nouvel avis.

Art. 5. Notre Ministre nous fera, d'après le compte qui lui sera rendu par chaque commission, et après avoir entendu les inventeurs, un rapport sur chaque remède secret, et prendra nos ordres sur la somme à accorder à chaque inventeur ou propriétaire.

Art. 6. Notre ministre de l'Intérieur fera ensuite un traité avec les inventeurs. Ce traité sera homologué en notre Conseil d'État, et le secret publié sans délai.

TITRE II.
Remèdes dont le débit n'a pas encore été autorisé.

Art. 7. Tout individu qui aura découvert un remède et voudra qu'il en soit fait usage, en remettra la recette à notre Ministre, comme il est dit à l'article 2.
Il sera ensuite procédé à son égard comme il est dit aux articles 3, 4 et 5.

TITRE III.
Dispositions générales.

Art. 8. Nulle permission ne sera accordée désormais aux auteurs d'aucun remède simple ou composé, dont ils voudraient tenir la composition secrète, sauf à procéder comme il est dit aux titres I et II.

Art. 9. Nos procureurs et nos officiers de police sont chargés de poursuivre les contrevenants par-devant nos tribunaux et cours et de faire prononcer contre eux les peines portées par les lois et règlements.

NAPOLÉON Ier, Empereur des Français.

www.ingramcontent.com/pod-product-compliance
Lightning Source LLC
Chambersburg PA
CBHW071431060426
42450CB00009BA/2131